Geschafft

Was Mann mit 30 nicht mehr tun muss!

Von Michael Kernbach
mit Illustrationen und Cartoons
von Miguel Fernandez

Lappan

Trendfrisuren tragen

Seien Sie ehrlich zu sich selbst. Bietet ein Mann in Ihrem Alter nicht einen beschämenden Anblick, wenn er die Haare trägt wie ein Legofigürchen?

Oder à la Bill Kaulitz von Tokio Hotel, auszusehen wie ein Langhaaralpaka nach dem Blitzeinschlag? Das ist doch was fürs Grünzeug. Nicht für einen Kerl wie Sie! Das Tragen von Trendfrisuren ist eine optische Selbstentwürdigung. Wenn Sie Ihrem Äußeren, etwa aus beruflichen Gründen, überhaupt noch eine Zeit lang Aufmerksamkeit schenken müssen, sollten Sie sich einen Elektrorasierer besorgen, mit dessen Hilfe sich die morgendliche Rasur einfach auf den Gesamtschädel ausdehnen lässt. Das geht sogar schneller als Kämmen und verstopft auch nicht mehr den Abfluss.

Komasaufen

Das Komasaufen ist eine spätpubertäre, schlechte Angewohnheit, die Sie als nun angehender Greis endgültig loswerden sollten.

In Ihrem Alter lässt man sich nicht mehr bis zum totalen Blackout im Stadtpark mit Jägermeister-Red-Bull-Drinks volllaufen, um dann im eigenen Halbverdauten im Rinnstein krass wegzuchillen. Ab 30 gießt man sich nicht mehr jedes Wochenende, sondern jeden Abend gepflegt einen hinter die Binde, und zwar indoor, also in der Kneipe oder im Partykeller, wo statt Metal oder Hip-Hop nun die Musik von Andrea Berg das Bacchanal beschallt. Vorteile: Der Jägermeister geht jetzt auch unverdünnt, der Schlafplatz ist beheizt, und das Erbrochene lässt sich glaubwürdig auf die Partymucke schieben.

Joggen

Eine dem erwachsenen Manne nicht mehr würdige Form der Fortbewegung.

Rennen um des Rennens willen, ohne dass Eile, eine Gefahr oder die Aussicht auf Freibier einen antreiben würde: Das ist absurd und nur durch Testosteronüberschüsse zu erklären, die Sie ja nicht mehr zu verkraften haben. Bewegen Sie sich in Zukunft nur noch, wenn es unbedingt nötig ist, und wenn es denn schon sein muss, bewegen Sie sich mit Würde.

An der Beziehung arbeiten

Im Beziehungswettstreit der Geschlechter hatten Sie als Mann doch bisher immer die Arschkarte. Kaum, dass man mal eine abgekriegt hatte, musste man sie schon wieder gegen Fremdnutzer verteidigen oder mit ansehen, wie ein anderer Artgenosse das Weibchen einfach abzuschleppen drohte.

Um derlei zu verhindern, waren Sie ständig beziehungtechnisch gefordert. Das ist jetzt anders. Der Wind-of-Change bläst jetzt den Mädels ins Gesicht, denen das Altern weitaus schlechter zu Gesicht steht als den Männern. Stellen Sie darum nach und nach Ihre ständigen Bauarbeiten an der Beziehung ein und fordern Sie stattdessen mal ein bisschen Entgegenkommen von der welken Nelke, die immer mehr wie Ihre Mutter auszusehen beginnt. An der Beziehung arbeiten, das bedeutet zwar immer noch: kochen, putzen, Klappe halten – aber von nun an nicht mehr für Sie!

Shoppen

Für alle Mods, Fashion-Addicts, Mode-Junkies, Slaves of Style bringt die Überschreitung der Deadline 30 zwei echte Neuigkeiten. Eine davon ist nicht ganz so schlecht. Okay, dass man schon rein alterstechnisch nicht mehr zum In-Crowd zählt, nicht mal mehr in Upper Wipperfürth, ist schon irgendwie ein Downer. Die good news lautet, dass man in den ganzen rattenscharfen, endgeilen Klamotten irgendwie überhaupt nicht mehr so richtig hip aussieht. Sondern eher irgendwie so richtig bescheuert. Was daran gut sein soll? Shoppen als Hobby hat ausgedient, Alter! Statt weiterhin jedes Wochenende sinnlos teure Textilberge anzuhäufen, steckst du lieber Geld in elastische, bequeme Jogging-Kleidung in gedeckten Farben, Kollege. Und den Rest von der Kohle versenkst du dann für Videogames in der Kasse vom Elektrodiscounter und chillst im besten Gangsta-Look auf dem Sofa der Herzverfettung entgegen.

Extremsportarten

Sie sind 30 und nach wie vor im Vollbesitz sämtlicher Gliedmaßen und Extremitäten? Glückwunsch, das ist ja bei der ausufernden Begeisterung für Extremsportarten leider keine Selbstverständlichkeit mehr.

Erfreuen Sie sich deshalb in Zukunft an der Protesenlosigkeit Ihrer Oberarme, die Ihnen der weiße Hai nicht abgebissen hat. Das betreiben alberner Extremsportarten liegt nämlich nun hinter Ihnen. Trotzdem müssen Sie auch in Zukunft nicht auf Adrenalinkicks im körperlichen Grenzbereich verzichten. Im Gegenteil: Gerade auf die reiferen Jahrgänge wartet echter Härtesport! Kaufen Sie sich ein paar Gupis und tauchen Sie in der Wanne ohne Sauerstoffgerät, oder durchqueren Sie statt elend langer Wüsten einfach den Sandkasten des nächstgelegenen Kinderspielplatzes oder der ortsansässigen Beachbar. Die Oasendichte ist einfach stimmiger.

Kochen lernen

Kochen ist ein Handwerk, so altmodisch und überflüssig wie der Sonntagskirchgang oder Stammtischbruderschaften.

Essen kommt in unserer zivilisierten Welt so reichhaltig in gegarter und abgeschmeckter Form vor, dass es beinahe ein Frevel ist, die kostbare Lebenszeit in der Küche zu verschwenden. Gerade Männernahrung ist nicht nur günstig überall zu haben, sie ist auch in der Perfektion einer Pizza-Hut-Cheesy-Crust oder eines Tripple-Whoppers gar nicht zu Hause herstellbar. Lassen Sie sich in Ihrer Kochverweigerung auch nicht von Frauen beirren, die von Männern schwärmen, die kochen können. Weiber, die nicht selber kochen wollen, holen Ihnen nachher auch kein Bier aus dem Kühlschrank und sind somit für ein Zusammenleben sowieso ungeeignet.

Zelten gehen

Dreitausend Jahre Kulturgeschichte mit all ihren grandiosen Errungenschaften wie Bio-Limonaden in Geschmacksrichtungen wie Ingwer oder Litschi sollen nur dafür gut gewesen sein, dass wir unsere freie Zeit wieder in einem ZELT verbringen? Das widerspricht der Evolutionstheorie.

Mag es aus entwicklungsbiologischer Sicht durchaus nutzbringend gewesen sein, dass Ihre Eltern Sie, wahrscheinlich aus Rache, in Sommercamps einquartiert und Sie selber später in bizarren Selbstexperimenten herausgefunden haben, mit welchem Quantum an Drogen man unter freiem Himmel schlafen kann, während nebenan Motörhead auftritt – ab 30 haben Sie diese niederen Entwicklungsphasen hinter sich gelassen. Nichts gegen Natur, aber bitte in Zukunft nur durch ein Fenster. Camping ist weiterhin kein Problem – aber Sat-Schüssel, Chemo-Klo und ein Billardzimmer sollte das Wohnmobil schon vorweisen.

Fortbilden/Studieren

Modernste Wissenschaft hat herausgefunden, dass die Lernfähigkeit des Menschen mit steigendem Alter, und zwar jenseits des 10. Lebensjahres, allmählich verfällt. Da ist das Herumlungern auf Fortbildungsseminaren doch reine Zeitverschwendung.

Schenken Sie Ihrem Chef ein Buch über Hirnforschung, und machen Sie ihm so die Aussichtslosigkeit seiner Bemühungen klar. Dreißigjährige verfügen ja über den Vorteil, zwar keine neuen Inhalte mehr aufnehmen, dafür aber alles bisher Gespeicherte jederzeit abrufen zu können. Eine Fähigkeit, die mit zunehmender Gedächtnisinkontinenz in den 40er- und 50er-Jahren nahezu verschwindet. Und alleine das sollte Ihrem Chef eine Gehaltserhöhung wert sein, bevor Sie woanders rumerzählen, was Sie über Ihn noch nicht vergessen haben!

Das Auto tieferlegen

Ihr Auto. Das war bis gestern nicht nur ein Fahrzeug. Es war eine Lebenseinstellung. Ihr wilder Hengst mit Verbrennungsmotor, mit dem Sie Wochenende für Wochenende in die Großraumdisse nach Dinslaken gefahren sind, um die Sonne zu putzen. Spoiler, Alufelgen, Kreuzgurte und der Totenschädel–Schaltknopf. Vorbei. Lassen Sie die Sportauspuffanlage entfernen, ersetzen Sie Ihr 5.1-Soundsystem durch ein Radio mit Kassettenspieler, noch besser, verkaufen Sie den ganzen Chrombaukasten und halten Sie sich zukünftig altersgerecht an gebrauchte Kombifahrzeuge aus japanischer Produktion. Widerstehen Sie aber der Versuchung, ein solches Auto tieferzulegen oder einen Sporttuning-Aufkleber anzubringen. Wenn Sie sich weiterhin über Ihr Fahrzeug darstellen wollen, hängen Sie einen Wackelelvis an den Rückspiegel oder einen Luftbaum mit Rennwagengeruch. Das reicht.

Bei DSDS bewerben

Wollten Sie sich schon immer mal als Kandidat bei DSDS bewerben? Vergessen Sie es! Sie sind nun 30, und damit für dieses Format vor allem eines: TOT. Muckemäuschenmegatot. Für RTL gibt es keine lebenswerte Existenz jenseits der 29. Paradebeispiel Dieter Bohlen: der ist gerade mal knackige zweimal 25 Jahre alt und auch im Kopf jung geblieben wie ein Vierjähriger. Da wollen Sie doch nicht mitzocken, oder? Sagen Sie doch mal im Büro Sachen wie: „Viele Leute sehen aus wie Scheiße. Du nicht. Du BIST Scheiße" oder „Wenn du die Klappe aufmachst, bekommt das Wort Rachitis eine ganz neue Bedeutung". Ziehen Sie lieber um. Weg von den Privaten, hin zum Sensemann-TV der Öffis in Reihe eins und zwei. Üben Sie jetzt schon den TV-Konsum der letzten Meter, dann fällt es später nicht so schwer.

In Singlebörsen chatten

Ihre Freunde haben eine, Ihre Kollegen haben eine, ja sogar ein schlechter Witz der Natur wie der lustige Mario aus B. darf unwidersprochen behaupten, eine zu haben: eine Freundin nämlich. Wenn Sie sich diesbezüglich unterbesetzt fühlen und Sie verständlicherweise Torschlusspanik befällt und Sie in Zukunft auch lieber mit einer festen Bezugsperson im Partnerlook schweigend in Pizzerien sitzen möchten, bitte schön. Allerdings sollten Sie bei der Suche nach einem Begleitschutz ins Alter die Finger vom Computer lassen. Singlechats sind im Ü-30-Bereich nun mal leider eher genetische Resterampen, in denen sich jeder Besen ungestraft zum Feger machen darf, und das trotz Vermummungsverbot.

Rucksackreisen

Der Rucksack ist ein Behältnis, das den Menschen praktisch durch sein ganzes Leben vom Kindergarten bis zum Jakobsweg begleitet, und eigentlich ist es darum hochgradig ungerecht und unlogisch, dass Menschen nicht in Rucksäcken beerdigt werden.

Mit 30 indes macht der Mensch als Beuteltier eine Verschnaufpause. In Ihrem Alter ist man im Interrail gleich der Zivilbulle, und die greise Waldwegfraktion fühlt sich womöglich von Ihrem Anblick verspottet. Überwinden Sie diese Verpuppungszeit vom Rucksacktouristen zum Wandersmann mit kostspieligen All-inclusive-Weltreisen oder spontanem Cityhopping mit der Billigfluglinie Ihres Vertrauens. Vorsicht: Lassen Sie sich durch den fehlenden Transportsack nicht zu modischen Experimenten mit Dingen wie Herrenhandtäschchen hinreißen. Das kann unter Umständen Ihrem Ruf erheblichen Schaden zufügen.

Eine Party schmeißen

War das Veranstalten von Feten ohnehin schon immer aufgrund der Geschirrberge und der Anzeigen wegen Landfriedensbruchs mehr Last als Lust, sollten Sie ab der Demarkationslinie 30 tunlichst Einladungen in Ihre Privaträume endgültig vermeiden.

Zwar machen die Freaks von gestern heute nicht mehr halb so viel Dreck oder Lärm, dafür nutzen Sie aber jede Millisekunde Ihres Aufenthalts zur Taxierung Ihres Wohl- oder Unwohlstandes, um je nach Ergebnis per Twitter einem Viertel der Weltbevölkerung mitzuteilen, dass man Sie für einen prunksüchtigen Angeber oder einen armseligen Schlucker hält. Laden Sie darum nie wieder jemanden zu sich nach Hause ein, es sei denn, Sie verfügen über einen echten deutschen Partykeller. Dort können Sie bei einer einzigen Feier durch den exzessiven Einsatz von Schlagern und Eiche rustikal einen legendären Ruf als Spießer begründen, der ihnen für alle Zeiten lästige Zaungäste vom Hals hält.

In der Fankurve stehen

Mit der Rückennummer 30 heißt es time to say goodbye, von einem Ort, der für Sie bisher Samstag für Samstag Männerchor, Kirchweihzelt, Freiluftkneipe und somit das letzte Reservat für echte Kerle war: Ihr Fanblock in der Kurve. Machen Sie Schluss mit diesem Laster.

Die langen Reisen zu den Auswärtsschlägereien nach Borussia Gröhland mit der DB, das Dosenbier-Travelling der Bahn und die Übernachtungen im Hooligan Inn der Polizeiverwahrungszellen sind nichts mehr für Ihre Gesundheit. Sparen Sie die Kohle für Dauerkarte und Bußgelder wegen Körperverletzung lieber für Ihre Altersvorsorge. Wenn es denn unbedingt sein muss, verabschieden Sie sich von Ihrer Wochenendfamilie beim letzten Heimspiel mit einem Flitzerlauf zum Jubeln in die Kurve. Das erleichtert Ihnen dank Stadionverbot die Entwöhnung und macht Sie für immer unsterblich.

Klingeltöne abonnieren

Sie waren immer der Typ mit dem abgefahrenen Jodelgeräusch auf dem Handy? Der Mann, dessen Mobilphone schon pupsen konnte, als andere noch gar keinen solchen Laberknochen besaßen? Das ist ein Stück Lebensfreude, auf das Sie zukünftig verzichten sollten.

Lustige Klingeltöne passen nicht in die graue Welt der Erwachsenen, zu der Sie jetzt dazugehören. Das hat auch einen guten Grund: In Ihrem Alter vermutet Ihre Umwelt bei plötzlichen Rülps- und Furzgeräuschen nicht mehr Jamba, sondern Sie selbst als den Verursacher. Das hängt mit dem erosionsartigen Verfall Ihres Körpers ab 30 zusammen, der gerade gegen Luftausstoß rapide inkontinent wird und Sie zukünftig immer häufiger in peinliche Situationen bringen kann. Wählen Sie in Zukunft eine esoterische Klangwolke in gedeckten Farben, oder ein Totenglöckchen. Das passt besser zu dem Stadium des Niedergangs, in dem Sie sich ab sofort befinden.

Gemeinsam was unternehmen

Keine Sorge. Noch sind Sie ja eine kleine Weile tageslichttauglich, und gemeinsame Unternehmungen bleiben darum auch ab dem 30sten Lebensjahr ein wichtiger Bestandteil Ihrer Freizeitgestaltung. Aber bitte doch nicht mehr mit Ihrer Partnerin!

Da haben Sie in den vergangenen zehn Jahren Ihre Strafzeit in der Ödnis weiblicher Vergnügungsideale erfolgreich abgesessen: Pärchen-Brettspielabende mit den hirnigen Nachbarn, Kochen mit den besten Freunden, Wellnesswochenenden und Tanztheaterbesuche. Übergeben Sie Ihre Frau-Einheit in die erfahrene und artgerechte Betreuung von Feng-Shui-, Meditations- oder Weight-Watcher-Kursen und unternehmen Sie wieder etwas Gemeinsames mit den wirklich wichtigen Menschen in Ihrem Leben: etwa den Typen, die Sie gestern im Stadion an der Imbissbude kennengelernt haben!

Überstunden machen

Gehören Sie zu der Sorte Workaholics, die soviel Zeit im Büro verbracht haben, dass Sie gelegentlich vergessen haben, in welcher Straße eigentlich noch mal Ihre Wohnung war? Dann dürfen Sie es jetzt ruhiger angehen lassen.

Viel arbeiten macht nur viel unbeliebt und ist ein echter Karriere-Knicker. Gucken Sie sich den Feldvorteil an, den Sie sich gegen die ganzen Federnbläser und Schichtschwänzer herausgearbeitet haben. Am Ende treffen Sie genau diese Typen auch noch auf der Burn-Out-Kur wieder, nur, dass die da entspannt durch die Heide walken, während Sie noch immer künstlich beatmet werden. Überstunden sind etwas für junge, ambitionierte Spinner wie Sie mal einer waren. Geben Sie darum dem Nachwuchs eine Chance und räumen Sie ab sofort pünktlich Ihren Platz im Aktenbergwerk.

Ein Kind zeugen

Sie haben bisher ihr Lebensumfeld von Störquellen wie Kindern freihalten können? Dann gibt es für einen Mann in Ihrem Alter keinen nachvollziehbaren Grund, diesen eingeschlagenen Weg der biologischen Raumhygiene zu verlassen.

Männer mit 30 sollten sich nicht mehr fortpflanzen. Nicht nur weil das Saatgut schon ein bisschen angegammelt ist. Auch von der genetischen Programmierung her ist die Aufzucht von Menschenwelpen für ein Männchen im dritten Jahrzehnt zu kraftaufwendig. Wenn das Mistblag mit 15 zum ersten Mal besoffen oder schwanger nach Hause kommt, sind Sie bereits Mitte vierzig und überhaupt nicht mehr in der Lage, neben Ihren eigenen Vergänglichkeitssymptomen noch weitere Probleme zu schultern. Wenn Sie Kontakt zu Kindern mögen, leihen Sie sich doch eins. Es werden sich ungezählte dankbare Eltern finden.

Schlank sein/abnehmen

Nehmen Sie Ihr schweres Sportgerät, das Buch über Trennkostdiät und die Waage mit Körperfettanzeige und veranstalten Sie ein rituelles Begräbnis für diese Folterinstrumente, an den Ihr Leib gerade in den letzten Jahren so sehr zu leiden hatte.

Sie werden ab 30 so oder so dick, da macht es doch keinen Sinn, sich weiter gegen das Unvermeidliche zu wehren. Im Gegenteil. Fördern Sie Bauch- und Doppelkinnwachstum mit einer Weißbier- und Kartoffelchips-Diät, legen Sie sich ein Jahresabo bei Burger King zu und nehmen Sie zwei Pizza „Quattro Fromaggio" als Klappstulle mit ins Büro. Je schneller Sie fett werden, desto schneller gewöhnen Sie sich auch an Ihre neuen Kosenamen wie „Fettarsch", „Wurstklops" und an das Ohrenrauschen durch den Bluthochdruck.

Vom 10-m-Brett springen

Forget the Zehn-Meter-Brett! Endlich stellen Schwimmbäder für Ihre Männlichkeit keine Bedrohung mehr dar. Von einem Auslaufmodell wie Ihnen erwartet niemand mehr die Zurschaustellung todesverachtender Luftsprungakrobatik. Im Gegenteil, Ihre Anwesenheit auf einem Zehn-Meter-Turm wird nur den Bademeister nervös machen. Wahrscheinlich hält er Ihr Vorhaben für einen Selbstmordversuch und ruft die Polizei. Ersparen Sie sich und anderen darum den anstrengenden und nicht ungefährlichen Aufstieg, besser noch, meiden Sie zukünftig generell Freibäder. Das ist nicht nur Selbstschutz vor bissigen Bemerkungen zu Ihrer nachlassenden körperlichen Erscheinung, sondern auch ein ästhetischer Dienst an Ihren Mitmenschen. Wenn baden, dann nur noch Kneippbaden in Baden-Baden.

Eine Lehre machen

Was Hänschen nicht lernt, lernt Hans nimmermehr. Der Volksmund weiß es wie immer am besten. Wenn Sie es bis zum 30. Geburtstag geschafft haben, ohne eine Ausbildung und ohne Haftstrafen home and dry durchs Leben zu surfen, dann sollten Sie jetzt keine Zeit mehr in Ausbildungs- und Qualifizierungsmaßnahmen verschwenden. Unterdrücken Sie auch die mit 30 aufkeimende Zwangsneurose, sich um einen ordentlichen Beruf zu bemühen. Das haben Sie nicht nötig. Sie sind nämlich ein Künstler – ein Lebenskünstler, von dem viele andere eine Menge lernen können. Machen Sie sich selbstständig. Geben Sie Kurse im Schmarotzen und Trittbrettfahren, und zeigen Sie Ihren Mitmenschen, wie Sie sich erfolgreich als Schnorrer und Nassauer durch eine Welt lavieren, die für Erwerbsarbeiter ohnehin nur noch schweres Gelände ist.

Auf ein Rockkonzert gehen

Rock is a drug, aber nicht mehr für Sie. Das beginnt schon mit Ihrem Musikgeschmack. Sie werden bei ehrlicher Betrachtung zugeben, dass das Radioprogramm von Big FM früher viel besser war, als die da noch nicht dieses ganze neue Gedudel gespielt haben. So wird das Ihnen nun auch auf jedem Rockkonzert ergehen. Stagediven zu der Pissmucke, Headbangen zu dem Arschlochrock? Dazu die ganzen Kinder aus der Nachbarschaft, die auf einmal bekifft auf dem Festivalgelände herumhängen ... Das braucht doch niemand. Halten Sie sich darum von Rockkonzerten fern. Stecken Sie das Geld in DVDs Ihrer Lieblingskünstler von vor zehn Jahren, als es noch richtig gute Musik gab, oder besuchen Sie eines der regelmäßigen „Reunion"-Konzerte dieser Menschen, wo sie neben gepflegten Getränken und einer sauberen Toilette obendrein die befreiende Einsicht erwartet, dass es doch nicht so dumm gewesen ist, statt Gitarre Bankkaufmann zu lernen.

Die Welt verändern

Klar, das ist ein Vorsatz, den man erst mal nicht so gerne aufgibt. Vor allem wenn man sich hier so umguckt. Andererseits ist ja auch nicht alles nuuur schlecht:

Oliver Pocher etwa, der ist echt witzig, den könnte man so lassen, oder Fußballbundesliga, da muss nun wirklich nix dran anders werden, außer dass mal 'ne andere Mannschaft Meister wird als immer Bayern München. Passen Sie darum Ihren Vorsatz Ihrer Lebensrealität an und ändern Sie da, wo jemand besonders hart von Unrecht getroffen wird: Sie selbst zum Beispiel. Ändern Sie den Aggregatzustand des Hundes Ihrer Nachbarn von lebendig auf tot und schonen Sie so Ihre Nervenressourcen auf ökologische Weise, oder starten Sie eine Kneipenrevolution durch den Einsatz von abwaschbaren Bierfilzen. Es sind die vielen kleinen Dinge, die zusammen etwas Großes bewegen. Der Kampf geht weiter!

Durchmachen

Geben Sie es ruhig selber zu: In letzter Zeit fallen Ihnen auch schon nach drei Tagen ohne Schlaf gegen Mitternacht öfter mal die Augen zu, auch wenn Sie direkt neben dem Subwoofer in der Disse stehen. Das ist eine neurobiologische Schutzmaßnahme, die Ihnen eigentlich helfen soll, bei der Großzucht eigener Welpen auch dann schlafen zu können, wenn das Gör wie eine NATO-Luftschutzsirene plärrt.

Für den Ohne-Kind-Erwachsenen der Neuzeit ist dieses Relikt aus der Urzeit intakter Familienrudel zwar eine echte Partybremse, aber deswegen noch lange kein Grund, schlimme Dummheiten zu machen und sich auf fatale Fehltritte wie Vaterschaftskuscheln mit einer der gleichaltrigen tickenden Biobomben der Marke Frau einzulassen.

Schlafen Sie lieber auf der Couch ein, und warten Sie auf die Jahre jenseits der 50, wenn Sie wieder Nacht für Nacht steil gehen, auch wenn das dann im Amtsdeutsch weniger schön „senile Bettflucht" heißen wird.

Auslandserfahrungen sammeln

Beruflich geht es ab der 30 auf die Zielgerade. Überprüfen Sie mal Ihren Platz im Job und fragen Sie sich mal: Wie sind Sie denn da eigentlich hingekommen. Qualifikation? Führungsstärke? Leistungsvermögen? Bullshit!

Glück, Beziehungen, ein bisschen Mobbing, ein bisschen Arschkriechen – das waren doch die Skills, die immer mal wieder ein paar Meter auf der Gehaltsstrecke gutgemacht haben. Die Berufslüge von der Auslandserfahrung ist nicht mehr für Sie gedacht. Dieses Gerücht ist lediglich dazu da, junge Eindringlinge aus Ihrem Berufsumfeld fernzuhalten oder, noch besser, in der Demütigung des ewigen Praktikums zu halten. Erfahrungen mit dem Ausland sind für Sie nur noch als Urlaubserlebnis relevant, am besten all-inclusive im schönen Club, der gut abgeschottet ist gegen die ganzen einheimischen Kuffnucken.

WOW zocken

War is over, Gildenmeister, und mit 30 ist es Zeit, alle Titel und Ehrenzeichen niederzulegen, um die Welt der Warcraft zu verlassen und als Charakter der Stufe 1 ein neues Leben in der World of Hartzcraft zu beginnen. Sagen Sie Ihren Waffenbrüdern im Internet Lebewohl und wenden Sie sich an die kleinen, hässlichen Gestalten, die in der analogen Welt Ihr neuer Stamm zu sein scheinen.

Die alte Hexe, die immer die Pizza brachte und sich Mama nennt, der Troll mit Bierbauch und schlechtem Atem, der sich Vati rufen lässt: Sie sind Ihre Verbündeten in Ihrem neuen Kampf um Geld, Kleidung und einen Platz an der Tafel. Der Tafel-Tipp: Drucken Sie sich die Screenshots Ihrer größten Triumphe als Trost für die schweren Stunden aus, die Ihnen nun in den nächsten 50 Jahren bevorstehen. Im nächsten Krieg sind Sie sicher nicht der Sieger.

Piercings tragen

Gehören Sie zu diesen Typen, die aussehen, als wären sie in eine Schießerei mit Bürotackern geraten? Der wandelnde Albtraum eines jeden Metalldetektors?

Dann herzlich willkommen im 3. Lebensjahrzehnt, wo Aussehen und Auftreten keine Rolle mehr spielen. Sie können Ihren Christbaumschmuck nun getrost ablegen. Die Zeit der schönen Bescherungen ist für Sie gelaufen. Versetzen Sie darum ruhig das körpereigene Sterlingsilber beim Pfandleiher und entdecken Sie, wie herrlich Bier ohne Eisen schmeckt. Eine kecke Reminiszenz an Ihre Zeit als Jim Knopf im Kopf könnte ein winziger 24-Karat-Brilli sein, den Sie weiterhin dezent im rechten Nasenflügel tragen können. Frauen lockt das zwar auch keine mehr an, aber Sie haben so zumindest einen kleinen Teil Ihres Vermögens gut sichtbar vor Augen.

Bei den Eltern ausziehen

Was? Sie wohnen noch bei Ihren Eltern? Mit 30 Jahren? Gratulation! Wie immer Sie das auch hinbekommen haben, bleiben Sie, wo Sie sind. Eine eigene Familie gründen, mit den Freunden eine Männer-WG gründen, bei der die Wände wie Zeltplanen wackeln?

Das alles sind billige Versuche Ihrer Eltern, Sie mit irgendwas aus dem Haus zu kriegen. Das darf Sie nicht beeindrucken. Schauen Sie bei Ihren großmäuligen Kumpels zu, wie die sich mit Schuldentilgung, Scheidung und Ihren ADS-Blagen das Leben selbst zur Hölle machen, während Sie weiterhin im Nirvana der ewig gewaschenen Wäsche, im Schnittchen-Eldorado, im Shangrila der gebohnerten Wohnzimmerdielen thronen. Um dort mit Vater Fußball zu schauen, während Mutter den Abwasch macht immerdar. Wer den Song „Paradise City" von „Guns N' Roses" kennt, weiß: Auch Axl Rose muss wohl noch zu Hause wohnen!

Geschafft

Ges

Geschafft